J'ACCUSE

Émile Zola

Ces pages ont paru dans *L'Aurore*, le 13 janvier 1898. Ce qu'on ignore, c'est qu'elles furent d'abord imprimées en une brochure, comme les deux lettres précédentes. Au moment de mettre cette brochure en vente, la pensée me vint de donner à ma lettre une publicité plus large, plus retentissante, en la publiant dans un journal. *L'Aurore* avait déjà pris parti, avec une indépendance, un courage admirables, et je m'adressai naturellement à elle. Depuis ce jour, ce journal est devenu pour moi l'asile, la tribune de liberté et de vérité, où j'ai pu tout dire. J'en ai gardé au directeur, M. Ernest Vaughan, une grande reconnaissance.

- Après la vente de *L'Aurore* à trois cent mille exemplaires, et les poursuites judiciaires qui suivirent, la brochure resta même en magasin. D'ailleurs, au lendemain de l'acte que j'avais résolu et accompli, je croyais devoir garder le silence, dans l'attente de mon procès et des conséquences que j'en espérais.

Monsieur le Président,

Me permettez-vous, dans ma gratitude pour le bienveillant accueil que vous m'avez fait un jour, d'avoir le souci de votre juste gloire et de vous dire que votre étoile, si heureuse jusqu'ici, est menacée de la plus honteuse, de la plus ineffaçable des tâches?

Vous êtes sorti sain et sauf des basses calomnies, vous avez conquis les coeurs. Vous apparaissez rayonnant dans l'apothéose de cette fête patriotique que l'alliance russe a été pour la France, et vous vous préparez à présider au solennel triomphe de notre Exposition Universelle, qui couronnera notre grand siècle de travail, de vérité et de liberté. Mais quelle tâche de boue sur votre nom – j'allais dire sur votre règne - que cette abominable affaire Dreyfus! Un conseil de guerre vient, par ordre, d'oser acquitter un Esterhazy, soufflet suprême à toute vérité, à toute justice. Et c'est fini, la France a sur la joue cette souillure, l'histoire écrira que c'est sous votre présidence qu'un tel crime social a pu être commis.

Puisqu'ils ont osé, j'oserai aussi, moi. La vérité, je la dirai, car j'ai promis de la dire, si la justice, régulièrement saisie, ne la faisait pas, pleine et entière. Mon devoir est de parler, je ne veux pas être complice. Mes nuits seraient hantées par le spectre de l'innocent qui expie là-bas, dans la plus affreuse des tortures, un crime qu'il n'a pas commis.

Et c'est à vous, monsieur le Président, que je la crierai, cette vérité, de toute la force de ma révolte d'honnête homme. Pour votre honneur, je suis convaincu que vous l'ignorez. Et à qui donc dénoncerai-je la tourbe malfaisante des vrais coupables, si ce n'est à vous, le premier magistrat du pays?

La vérité d'abord sur le procès et sur la condamnation de Dreyfus. Un homme néfaste a tout mené, a tout fait, c'est le lieutenant-colonel du Paty de Clam, alors simple commandant. Il est l'affaire Dreyfus tout entière; on ne la connaîtra que lorsqu'une enquête loyale aura établi nettement ses actes et ses responsabilités. Il apparaît comme l'esprit le plus fumeux, le plus compliqué, hanté d'intrigues romanesques, se complaisant aux moyens des romans-feuilletons, les papiers volés, les lettres anonymes, les rendez-vous dans les endroits déserts, les femmes mystérieuses qui colportent, de nuit, des preuves accablantes. C'est lui qui imagina de dicter le bordereau à Dreyfus; c'est lui qui rêva de l'étudier dans une pièce entièrement revêtue de glaces; c'est lui que le commandant Forzinetti nous représente armé d'une lanterne sourde, voulant se faire introduire près de l'accusé endormi, pour projeter sur son visage un brusque flot de lumière et surprendre ainsi son crime, dans l'émoi du réveil. Et je n'ai pas à tout dire, qu'on cherche, on trouvera. Je déclare simplement que le commandant du Paty de Clam, chargé d'instruire l'affaire Dreyfus, comme officier judiciaire, est, dans l'ordre des dates et des responsabilités, le premier coupable de l'effroyable erreur judiciaire qui a été commise.

Le bordereau était depuis quelque temps déjà entre les mains du colonel Sandherr, directeur du bureau des renseignements, mort depuis de paralysie générale. Des «fuites» avaient lieu, des papiers disparaissaient, comme
il en disparaît aujourd'hui encore; et l'auteur du bordereau était recherché, lorsqu'un *a priori* se fit peu à peu que cet auteur ne pouvait être qu'un officier de l'état-major, et un officier d'artillerie: double erreur manifeste, qui montre avec quel esprit superficiel on avait étudié ce bordereau, car un examen raisonné démontre qu'il ne pouvait s'agir que d'un officier de troupe.

On cherchait donc dans la maison, on examinait les écritures, c'était comme une affaire de famille, un traître à surprendre dans les bureaux mêmes, pour l'en expulser. Et, sans que je veuille refaire ici une histoire connue en partie, le commandant du Paty de Clam entre en scène, dès qu'un premier soupçon tombe sur Dreyfus. A partir de ce moment, c'est lui qui a inventé Dreyfus, l'affaire devient son affaire, il se fait fort de confondre le traître, de l'amener à des aveux complets. Il y a bien le ministre de la Guerre, le général Mercier, dont l'intelligence semble médiocre; il y a bien le chef de l'état-major, le général de Boisdeffre, qui paraît avoir cédé à sa passion cléricale, et le sous-chef de l'état- major, le général Gonse, dont la conscience a pu s'accommoder de beaucoup de choses.

Mais, au fond, il n'y a d'abord que le commandant du Paty de Clam, qui les mène tous, qui les hypnotise, car il s'occupe aussi de spiritisme, d'occultisme, il converse avec les esprits. On ne saurait concevoir les expériences auxquelles il a soumis le malheureux Dreyfus, les pièges dans lesquels il a voulu le faire tomber, les enquêtes folles, les imaginations monstrueuses, toute une démence torturante.

Ah! cette première affaire, elle est un cauchemar, pour qui la connaît dans ses détails vrais! Le commandant du Paty de Clam arrête

Dreyfus, le met au secret. Il court chez madame Dreyfus, la terrorise, lui dit que, si elle parle, son mari est perdu. Pendant ce temps, le malheureux s'arrachait la chair, hurlait son innocence. Et l'instruction a été faite ainsi, comme dans une chronique du Xv$_e$ siècle, au milieu du mystère, avec une complication d'expédients farouches, tout cela basé sur une seule charge enfantine, ce bordereau imbécile, qui n'était pas seulement une trahison vulgaire, qui était aussi la plus impudente des escroqueries, car les fameux secrets livrés se trouvaient presque tous sans valeur. Si j'insiste, c'est que l'oeuf est ici, d'où va sortir plus tard le vrai crime, l'épouvantable déni de justice dont la France est malade.

Je voudrais faire toucher du doigt comment l'erreur judiciaire a pu être possible, comment elle est née des machinations du commandant du Paty de Clam, comment le général Mercier, les généraux de Boisdeffre et Gonse ont pu s'y laisser prendre, engager peu à peu leur responsabilité dans cette erreur, qu'ils ont cru devoir, plus tard, imposer comme la vérité sainte, une vérité qui ne se discute même pas. Au début, il n'y a donc, de leur part, que de l'incurie et de l'inintelligence. Tout au plus, les sent-on céder aux passions religieuses du milieu et aux préjugés de l'esprit de corps. Ils ont laissé faire la sottise.

Mais voici Dreyfus devant le conseil de guerre. Le huis clos le plus absolu est exigé. Un traître aurait ouvert la frontière à l'ennemi pour conduire l'empereur allemand jusqu'à Notre-Dame, qu'on ne prendrait pas des mesures de silence et de mystère plus étroites. La nation est frappée de stupeur, on chuchote des faits terribles, de ces trahisons monstrueuses qui indignent l'Histoire; et naturellement la nation s'incline. Il n'y a pas de châtiment assez sévère, elle applaudira à la dégradation publique, elle voudra que le coupable reste sur son rocher d'infamie, dévoré par le remords. Est-ce donc vrai, les choses indicibles, les choses dangereuses, capables de mettre l'Europe en flammes, qu'on a dû enterrer soigneusement derrière ce huis clos? Non! il n'y a eu, derrière, que les imaginations romanesques et démentes du commandant du Paty de Clam. Tout cela n'a été fait que pour cacher le plus saugrenu des romans-feuilletons. Et il suffit, pour s'en assurer, d'étudier attentivement l'acte d'accusation, lu devant le conseil de guerre.

Ah! le néant de cet acte d'accusation! Qu'un homme ait pu être condamné sur cet acte, c'est un prodige d'iniquité. Je défie les honnêtes gens de le lire, sans que leur cœurs bondisse d'indignation et crie leur révolte, en pensant à l'expiation démesurée, là-bas, à l'île du Diable. Dreyfus sait plusieurs langues, crime; on n'a trouvé chez lui aucun papier compromettant, crime; il va parfois dans son pays d'origine, crime; il est laborieux, il a le souci de tout savoir, crime; il ne se trouble pas, crime; il se trouble, crime. Et les naïvetés de rédaction, les formelles assertions dans le vide! On nous avait parlé de quatorze chefs d'accusation: nous n'en trouvons qu'une seule en fin de compte, celle du bordereau; et nous apprenons même que les experts n'étaient pas d'accord, qu'un d'eux, M. Gobert, a été bousculé militairement, parce qu'il se permettait de ne pas conclure dans le sens désiré. On parlait aussi de vingt-trois officiers qui étaient venus accabler Dreyfus de leurs témoignages. Nous ignorons encore leurs interrogatoires, mais il est certain que tous ne l'avaient pas chargé; et il est à remarquer, en outre, que tous appartenaient aux bureaux de la guerre. C'est un procès de famille, on est là entre soi, et il faut s'en souvenir: l'état-major a voulu le procès, l'a jugé, et il vient de le juger une seconde fois.

Donc, il ne restait que le bordereau, sur lequel les experts ne s'étaient pas entendus. On raconte que, dans la chambre du conseil, les juges allaient naturellement acquitter. Et, dès lors, comme l'on comprend l'obstination désespérée avec laquelle, pour justifier la condamnation, on affirme aujourd'hui l'existence d'une pièce secrète, accablante, la pièce qu'on ne peut montrer, qui légitime tout, devant laquelle nous devons nous incliner, le bon Dieu invisible et inconnaissable! Je la nie, cette pièce, je la nie de toute ma puissance! Une pièce ridicule, oui, peut-être la pièce où il est question de petites femmes, et où il est parlé d'un certain D... qui devient trop exigeant: quelque mari sans doute trouvant qu'on ne lui payait pas sa femme assez cher. Mais une pièce intéressant la défense nationale, qu'on ne saurait produire sans que la guerre fût déclarée demain, non, non! C'est un mensonge! et cela est d'autant plus odieux et cynique qu'ils mentent impunément sans qu'on puisse les en convaincre. Ils ameutent la France, ils se cachent derrière sa légitime émotion, ils ferment les bouches en troublant les coeurs, en pervertissant les esprits. Je ne connais pas de plus grand crime civique.

Voilà donc, monsieur le Président, les faits qui expliquent comment une erreur judiciaire a pu être commise; et les preuves morales, la situation de fortune de Dreyfus, l'absence de motifs, son continuel cri d'innocence, achèvent de le montrer comme une victime des extraordinaires imaginations du commandant du Paty de Clam, du milieu clérical où il se trouvait, de la chasse aux «sales juifs», qui déshonore notre époque.

Et nous arrivons à l'affaire Esterhazy. Trois ans se sont passés, beaucoup de consciences restent troublées profondément, s'inquiètent, cherchent, finissent par se

convaincre de l'innocence de Dreyfus. Je ne ferai pas l'historique des doutes, puis de la conviction de M. Scheurer-Kestner. Mais, pendant qu'il fouillait de son côté, il se passait des faits graves à l'état-major même. Le colonel Sandherr était mort, et le lieutenant-colonel Picquart lui avait succédé comme chef du bureau des renseignements. Et c'est à ce titre, dans l'exercice de ses fonctions, que ce dernier eut un jour entre les mains une lettre-télégramme, adressée au commandant Esterhazy, par un agent d'une puissance étrangère. Son devoir strict était d'ouvrir une enquête. La certitude est qu'il n'a jamais agi en dehors de la volonté de ses supérieurs. Il soumit donc ses soupçons à ses supérieurs hiérarchiques, le général Gonse, puis le général de Boisdeffre, puis le général Billot, qui avait succédé au général Mercier comme ministre de la Guerre. Le fameux dossier Picquart, dont il a été tant parlé, n'a jamais été que le dossier Billot, j'entends le dossier fait par un subordonné pour son ministre, le dossier qui doit exister encore au ministère de la Guerre. Les recherches durèrent de mai à septembre 1896, et ce qu'il faut affirmer bien haut, c'est que le général Gonse était convaincu de la culpabilité d'Esterhazy, c'est que le général de Boisdeffre et le général Billot ne mettaient pas en doute que le bordereau ne fût de l'écriture d'Esterhazy. L'enquête du lieutenant-colonel Picquart avait abouti à cette constatation certaine. Mais l'émoi était grand, car la condamnation d'Esterhazy entraînait inévitablement la révision du procès Dreyfus; et c'était ce que l'état-major ne voulait à aucun prix.

Il dut y avoir là une minute psychologique pleine

d'angoisse. Remarquez que le général Billot n'était compromis dans rien, il arrivait tout frais, il pouvait faire la vérité. Il n'osa pas, dans la terreur sans doute de l'opinion publique, certainement aussi dans la crainte de livrer tout l'état-major, le général de Boisdeffre, le général Gonse, sans compter les sous-ordres. Puis, ce ne fut là qu'une minute de combat entre sa conscience et ce qu'il croyait être l'intérêt militaire. Quand cette minute fut passée, il était déjà trop tard. Il s'était engagé, il était compromis. Et, depuis lors, sa responsabilité n'a fait que grandir, il a pris à sa charge le crime des autres, il est aussi coupable que les autres, il est plus coupable qu'eux, car il a été le maître de faire justice, et il n'a rien fait.

Comprenez-vous cela! Voici un an que le général Billot, que les généraux de Boisdeffre et Gonse savent que Dreyfus est innocent, et ils ont gardé pour eux cette effroyable chose! Et ces gens-là dorment, et ils ont des femmes et des enfants qu'ils aiment! Le lieutenant-colonel Picquart avait rempli son devoir d'honnête homme. Il insistait auprès de ses supérieurs, au nom de la justice. Il les suppliait même, il leur disait combien leurs délais étaient impolitiques, devant le terrible orage qui s'amoncelait, qui devait éclater, lorsque la vérité serait connue. Ce fut, plus tard, le langage que M. Scheurer- Kestner tint également au général Billot, l'adjurant par patriotisme de prendre en main l'affaire, de ne pas la laisser s'aggraver, au point de devenir un désastre public. Non! Le crime était commis, l'état-major ne pouvait plus avouer son crime. Et le lieutenant-colonel Picquart fut envoyé en mission, on l'éloigna de plus en plus loin, jusqu'en Tunisie, où l'on voulut même un jour honorer sa bravoure, en le chargeant d'une mission qui l'aurait sûrement fait massacrer, dans les parages où le marquis de Morès a trouvé la mort. Il n'était pas en disgrâce, le général Gonse entretenait avec lui une correspondance amicale. Seulement, il est des secrets qu'il ne fait pas bon d'avoir surpris.

A Paris, la vérité marchait, irrésistible, et l'on sait de quelle façon l'orage attendu éclata. M. Mathieu Dreyfus dénonça le commandant Esterhazy comme le véritable auteur du bordereau, au moment où M. Scheurer-Kestner allait déposer, entre les mains du garde des Sceaux, une demande en révision du procès. Et c'est ici que le commandant Esterhazy paraît. Des témoignages le montrent d'abord affolé, prêt au suicide ou à la fuite. Puis, tout d'un coup, il paye d'audace, il étonne Paris par la violence de son attitude. C'est que du secours lui était venu, il avait reçu une lettre anonyme l'avertissant des menées de ses ennemis, une dame mystérieuse s'était même dérangée de nuit pour lui remettre une pièce volée à l'état-major, qui devait le sauver. Et je ne puis m'empêcher de retrouver là le lieutenant-colonel du Paty de Clam, en reconnaissant les expédients de son imagination fertile. Son oeuvre, la culpabilité de Dreyfus, était en péril, et il a voulu sûrement défendre son oeuvre.

La révision du procès, mais c'était l'écroulement du roman- feuilleton si extravagant, si tragique, dont le dénouement abominable a lieu à l'île du Diable! C'est ce qu'il ne pouvait permettre.

Dès lors, le duel va avoir lieu
entre le lieutenant-colonel Picquart et le lieutenant-colonel du Paty de Clam, l'un le visage découvert, l'autre masqué.

On les retrouvera prochainement tous deux devant la justice civile. Au fond, c'est toujours l'état-major qui se défend, qui ne veut pas avouer son crime, dont l'abomination grandit d'heure en heure.

On s'est demandé avec stupeur quels étaient les protecteurs du commandant Esterhazy. C'est d'abord, dans l'ombre, le lieutenant-colonel du Paty de Clam qui a tout machiné, qui a tout conduit. Sa main se trahit aux moyens saugrenus. Puis, c'est le général de Boisdeffre, c'est le général Gonse, c'est le général Billot lui-même, qui sont bien obligés de faire acquitter le commandant, puisqu'ils ne peuvent laisser reconnaître l'innocence de Dreyfus, sans que les bureaux de la guerre croulent dans le mépris public. Et le beau résultat de cette situation prodigieuse est que l'honnête homme, là- dedans, le lieutenant-colonel Picquart, qui seul a fait son devoir, va être la victime, celui qu'on bafouera et qu'on punira. ^O justice, quelle affreuse désespérance serre le coeur! On va jusqu'à dire que c'est lui le faussaire, qu'il a fabriqué la carte-télégramme pour perdre Esterhazy. Mais, grand

Dieu! pourquoi? dans quel but? donnez un motif. Est-ce que celui-là aussi est payé par les juifs? Le joli de l'histoire est qu'il était justement antisémite. Oui! nous assistons à ce spectacle infâme, des hommes perdus de dettes et de crimes dont on proclame l'innocence, tandis qu'on frappe l'honneur même, un homme à la vie sans tâche! Quand une société en est là, elle tombe en décomposition.

Voilà donc, monsieur le Président, l'affaire Esterhazy: un coupable qu'il s'agissait d'innocenter. Depuis bientôt deux mois, nous pouvons suivre heure par heure la belle besogne. J'abrège, car ce n'est ici, en gros, que le résumé de l'histoire dont les brûlantes pages seront un jour écrites tout au long. Et nous avons donc vu le général de Pellieux, puis le commandant Ravary, conduire une enquête scélérate d'où les coquins sortent transfigurés et les honnêtes gens salis. Puis, on a convoqué le conseil de guerre.

Comment a-t-on pu espérer qu'un conseil de guerre déferait ce qu'un conseil de guerre avait fait? Je ne parle même pas du choix toujours possible des juges. L'idée supérieure de discipline, qui est dans le sang de ces soldats, ne suffit-elle à infirmer leur pouvoir d'équité? Qui dit discipline dit obéissance. Lorsque le ministre de la Guerre, le grand chef, a établi publiquement, aux acclamations de la représentation nationale, l'autorité de la chose jugée, vous voulez qu'un

conseil de guerre lui donne un formel démenti?

Hiérarchiquement, cela est impossible. Le général Billot a suggestionné les juges par sa déclaration, et ils ont jugé comme ils doivent aller au feu, sans raisonner. L'opinion préconçue qu'ils ont apportée sur leur siège, est évidemment celle-ci: «Dreyfus a été condamné pour crime de trahison par un conseil de guerre, il est donc coupable; et nous, conseil de guerre, nous ne pouvons le déclarer innocent; or nous savons que reconnaître la culpabilité d'Esterhazy, ce serait proclamer l'innocence de Dreyfus.»

Rien ne pouvait les faire sortir de là. Ils ont rendu une sentence inique, qui à jamais pèsera sur nos conseils de guerre, qui entachera désormais de suspicion tous leurs arrêts. Le premier conseil de guerre a pu être inintelligent, le second est forcément criminel. Son excuse, je le répète, est que le chef suprême avait parlé, déclarant la chose jugée inattaquable, sainte et supérieure aux hommes, de sorte que des inférieurs ne pouvaient dire le contraire. On nous parle de l'honneur de l'armée, on veut que nous l'aimions, la respections. Ah! certes, oui, l'armée qui se lèverait à la première menace, qui défendrait la terre française, elle est tout le peuple, et nous n'avons pour elle que tendresse et respect. Mais il ne s'agit pas d'elle, dont nous voulons justement la dignité, dans notre besoin de justice. Il s'agit du sabre, le maître qu'on nous donnera demain peut-être. Et baiser dévotement la poignée du sabre, le dieu, non!

Je l'ai démontré d'autre part: l'affaire Dreyfus était l'affaire des bureaux de la guerre, un officier de l'état- major, dénoncé par ses camarades de l'état-major, condamné sous la pression des chefs de l'état-major. Encore une fois, il ne peut revenir innocent sans que tout l'état-major soit coupable. Aussi les bureaux, par tous les moyens imaginables, par des campagnes de presse, par des communications, par des influences, n'ont-ils couvert Esterhazy que pour perdre une seconde fois Dreyfus. Quel coup de balai le gouvernement républicain devrait donner dans cette jésuitière, ainsi que les appelle le général Billot lui-même ! Où est-il, le ministère vraiment fort et d'un patriotisme sage, qui osera tout y refondre et tout y renouveler? Que de gens je connais qui, devant une guerre possible, tremblent d'angoisse, en sachant dans quelles mains est la défense nationale! Et quel nid de basses intrigues, de commérages et de dilapidations, est devenu cet asile sacré, où se décide le sort de la patrie! On s'épouvante devant le jour terrible que vient d'y jeter l'affaire Dreyfus, ce sacrifice humain d'un malheureux, d'un «sale juif»! Ah! tout ce qui s'est agité là de démence et de sottise, des imaginations folles, des pratiques de basse police, des moeurs d'inquisition et de tyrannie, le bon plaisir de quelques galonnés mettant leurs bottes sur

la nation, lui rentrant dans la gorge son cri de vérité et de justice, sous le prétexte menteur et sacrilège de la raison d'État!

Et c'est un crime encore que de s'être appuyé sur la presse immonde, que de s'être laissé défendre par toute la fripouille de Paris, de sorte que voilà la fripouille qui triomphe insolemment, dans la défaite du droit et de la simple probité. C'est un crime d'avoir accusé de troubler

la France ceux qui la veulent généreuse, à la tête des nations libres et justes, lorsqu'on ourdit soi-même l'impudent complot d'imposer l'erreur, devant le monde entier. C'est un crime d'égarer l'opinion, d'utiliser pour une besogne de mort cette opinion qu'on a pervertie jusqu'à la faire délirer. C'est un crime d'empoisonner les petits et les humbles, d'exaspérer les passions de réaction et d'intolérance, en s'abritant derrière l'odieux antisémitisme, dont la grande France libérale des droits de l'homme mourra, si elle n'en est pas guérie. C'est un crime que d'exploiter le patriotisme pour des oeuvres de haine, et c'est un crime, enfin, que de faire du sabre le dieu moderne, lorsque toute la science humaine est au travail pour l'oeuvre prochaine de vérité et de justice.

Cette vérité, cette justice, que nous avons si passionnément voulues, quelle détresse à les voir ainsi souffletées, plus méconnues et plus obscurcies! Je me doute de l'écroulement qui doit avoir lieu dans l'âme de M. Scheurer-Kestner, et je crois bien qu'il finira par éprouver un remords, celui de n'avoir pas agi révolutionnairement, le jour de l'interpellation au Sénat, en lâchant tout le paquet, pour tout jeter à bas. Il a été le grand honnête homme, l'homme de sa vie loyale, il a cru que la vérité se suffisait à elle- même, surtout lorsqu'elle lui apparaissait éclatante comme le plein jour. A quoi bon tout bouleverser, puisque bientôt le soleil allait luire? Et c'est de cette sérénité confiante dont il est si cruellement puni. De même pour le lieutenant- colonel Picquart, qui, par un sentiment de haute dignité, n'a pas voulu publier les lettres du général Gonse. Ces scrupules l'honorent d'autant plus que, pendant qu'il restait respectueux de la discipline, ses supérieurs le faisaient couvrir de boue, instruisaient eux-mêmes son procès, de la

façon la plus inattendue et la plus outrageante. Il y a deux victimes, deux braves gens, deux coeurs simples, qui ont laissé faire Dieu, tandis que le diable agissait. Et l'on a même vu, pour le lieutenant-colonel Picquart, cette chose ignoble: un tribunal français, après avoir laissé le rapporteur charger publiquement un témoin, l'accuser de toutes les fautes, a fait le huis clos, lorsque ce témoin a été introduit pour s'expliquer et se défendre. Je dis que ceci est un crime de plus et que ce crime soulèvera la conscience universelle. Décidément, les tribunaux militaires se font
une singulière idée de la justice.

Telle est donc la simple vérité, monsieur le Président, et elle est effroyable, elle restera pour votre présidence une souillure. Je me doute bien que vous n'avez aucun pouvoir en cette affaire, que vous êtes le prisonnier de la Constitution et de votre entourage. Vous n'en avez pas moins un devoir d'homme, auquel vous songerez, et que vous remplirez. Ce n'est pas, d'ailleurs, que je désespère le moins du monde du triomphe. Je le répète avec une certitude plus véhémente: la vérité est en marche et rien ne l'arrêtera. C'est d'aujourd'hui seulement que l'affaire commence, puisque aujourd'hui seulement les positions sont nettes: d'une part, les coupables qui ne veulent pas que la lumière se fasse; de l'autre, les justiciers qui donneront leur vie pour qu'elle soit faite. Je l'ai dit ailleurs, et je le répète ici: quand on enferme la vérité sous terre, elle s'y amasse, elle y prend une force telle d'explosion, que, le jour où elle éclate, elle fait tout sauter avec elle. on verra bien si l'on ne vient pas de préparer, pour plus tard, le plus retentissant des désastres.

Mais cette lettre est longue, monsieur le Président, et il est temps de conclure. J'accuse le lieutenant-colonel du Paty de Clam d'avoir été l'ouvrier diabolique de l'erreur judiciaire, en inconscient, je veux le croire, et d'avoir ensuite défendu son œuvre néfaste, depuis trois ans, par les machinations les plus saugrenues et les plus coupables.

J'accuse le général Mercier de s'être rendu complice, tout au moins par faiblesse d'esprit, d'une des plus grandes iniquités du siècle.

J'accuse le général Billot d'avoir eu entre les mains les preuves certaines de l'innocence de Dreyfus et de les avoir étouffées, de s'être rendu coupable de ce crime de lèsehumanité et de lèse-justice, dans un but politique et pour sauver l'état-major compromis.

J'accuse le général de Boisdeffre et le général

Gonse de s'être rendus complices du même crime, l'un sans doute par passion cléricale, l'autre peut-être par cet esprit de corps qui fait des bureaux de la guerre l'arche sainte, inattaquable.

J'accuse le général de Pellieux et le commandant Ravary d'avoir fait une enquête scélérate, j'entends par là une enquête de la plus monstrueuse partialité, dont nous avons, dans le rapport du second, un impérissable monument de naïve audace.

J'accuse les trois experts en écritures, les sieurs Belhomme, Varinard et Couard, d'avoir fait des rapports mensongers et frauduleux, à moins qu'un examen médical ne les déclare atteints d'une maladie de la vue et du jugement.

J'accuse les bureaux de la guerre d'avoir mené dans la presse, particulièrement dans *L'Éclair* et dans *L'Écho de Paris*, une campagne abominable, pour égarer l'opinion et couvrir leur faute.

J'accuse enfin le premier conseil de guerre d'avoir violé le droit, en condamnant un accusé sur une pièce restée secrète, et j'accuse le second conseil de guerre d'avoir couvert cette illégalité, par ordre, en commettant à son tour le crime juridique d'acquitter sciemment un coupable.

En portant ces accusations, je n'ignore pas que je me mets sous le coup des articles 30 et 31 de la loi sur la presse du 29 juillet 1881, qui punit les délits de diffamation. Et c'est volontairement que je m'expose.

Quant aux gens que j'accuse, je ne les connais pas, je ne les ai jamais vus, je n'ai contre eux ni rancune ni haine. Ils ne sont pour moi que des entités, des esprits de malfaisance sociale. Et l'acte que j'accomplis ici n'est qu'un moyen révolutionnaire pour hâter l'explosion de la vérité et de la justice. Je n'ai qu'une passion, celle de la lumière, au nom de l'humanité qui a tant souffert et q u a droit au bonheur.

Ma protestation enflammée n'est que le cri de mon âme. Qu'on ose donc me traduire en cour d'assises et que l'enquête ait lieu au grand jour!

J'attends.

Veuillez agréer, monsieur le Président, l'assurance de mon profond respect.